MI BOCA FLORECE COMO UN CORTE

ANNE SEXTON (Massachussets, 1928 - 1974) convirtió su vida en materia poética y llegó a ser una de las poetas norteamericanas más importantes del siglo XX. Ganó el Premio Pulitzer de poesía y fue pionera en la lírica confesional, abriendo así el camino para otras escritoras que admiraban su exposición cruda de la intimidad y un tratamiento de temas considerados tabú, para la escritura en general y para una mujer en particular. Entre ellos, el aborto, la menstruación, la masturbación, el consumo de drogas o el adulterio. La sinceridad vital que caracteriza su obra pone al descubierto pasión y dolor. «Poemas y solo poemas me han salvado la vida», decía, aunque finalmente no bastasen para evitar que a los cuarenta y cinco años se quitara la vida. Esta selección, a cargo de Luna Miguel, ahonda en la sexualidad femenina y en la violencia hacia el cuerpo de las mujeres.

MI BOCA FLORECE COMO UN CORTE

ANNE SEXTON

Traducción de José Luis Reina Palazón
Selección de Luna Miguel

POESÍA PORTÁTIL

EL BESO

Mi boca florece como un corte.
Me han agraviado todo el año, tediosas
noches, solo brutos codazos en ellas
y cajas delicadas de pañuelos gritando *¡llorona,
llorona, estúpida!*

Hasta ayer mi cuerpo era inútil.
Ahora se está rompiendo por sus picos y esquinas.
Está rompiendo las prendas de la vieja Mary, nudo a nudo
y mira – ahora está todo invadido por esos rayos eléctricos.
¡Zumba! ¡Una resurrección!

Érase una vez una barca, toda de madera
y sin tarea, ni agua salada debajo
y necesitada de alguna pintura. No era más
que un montón de tablas. Pero tú la izaste, la aparejaste.
Ella fue elegida.

Mis nervios están encendidos. Los oigo como
instrumentos musicales. Donde había silencio
tocan sin cesar los tambores, las cuerdas. Tú lo hiciste.
La obra de un puro genio. Cariño, el compositor ha
[penetrado
en el fuego.

EN CELEBRACIÓN DE MI ÚTERO

Cada una de ellas en mí es un pájaro.
Golpeo con todas mis alas.
Querían sacarte de un corte
pero no lo harán.
Dijeron que eres inmensurablemente vacío,
pero no es así.

Dijeron que estás enfermo para morir,
pero se equivocaron.
Tú cantas como una colegiala.
Tú no estás desgarrado.

Dulce peso,
en celebración de la mujer que soy
y del alma de la mujer que soy
y de la criatura central y su deleite
canto para ti. Me atrevo a vivir.
Hola, espíritu. Hola, cáliz.
Sujeta, cubierta. Cubierta que contiene.

Hola a la tierra de los campos.
Bienvenidas, raíces.

Cada célula tiene una vida.
Aquí hay bastantes para satisfacer a una nación.
Basta con que la plebe posea estos bienes.
Cada persona, cada comunidad diría sobre esto:
«Está bien que este año plantemos de nuevo
y podamos pensar en una cosecha.
Predijeron el tizón y ha sido apartado».
Eso cantan muchas mujeres juntas:
una está en una fábrica de calzado maldiciendo la
[máquina,
otra en un acuario cuidando a una foca,
otra está aburrida al volante de su Ford,
otra cobra en el control de la autopista,
otra anuda el cordón umbilical a una ternera en Arizona,
otra esparranca un chelo en Rusia,
otra cambia de sitio las ollas en el horno en Egipto,
otra pinta las paredes de su dormitorio color de luna,
otra se está muriendo pero recuerda un desayuno,
otra se extiende sobre su estera en Tailandia,
otra está limpiando el culo de su niño,
otra está mirando por la ventana de un tren
en medio de Wyoming y otra está
en alguna parte y otras están por doquier y todas

parecen estar cantando a pesar de que algunas
no saben cantar ni una nota.

Dulce peso
en celebración de la mujer que soy
déjame llevar un chal de tres metros,
déjame tocar el tambor por las de diecinueve años,
déjame llevar vasijas para las ofrendas
(si ese es mi papel).
Déjame estudiar el tejido cardiovascular,
déjame examinar la distancia angular de los meteoros,
déjame chupar en los tallos de las flores,
(si ese es mi papel).
Déjame hacer ciertas figuras tribales
(si ese es mi papel).
Por esta cosa que el cuerpo necesita
déjame cantar
por la cena,
por los besos,
por el adecuado
sí.

LA FRACTURA

Fue también mi corazón violento el que se rompió,
al caer yo por la escalera del vestíbulo de la casa.
Fue también un mensaje que de mi boca no salió,
clamando escalón tras escalón: *la gente de ti pasa,*

de ti la gente pasa, de ti, al romperse la cadera
que estaba hecha mera y simplemente de cristal,
el fuste que sostiene y además la copa posadera.
Explosioné cual una pistola en el pasillo central.

Así que me rompí en pedazos. Me quedé deshecha.
Sí. Era lo mismo que una caja de huesos de perros.
Ahora, envuelta por doquier, una monja estoy hecha.
¡Reventé como petardo! ¡Ahora piedra entre hierros!

Qué proeza el navegar tan raro como Ícaro lo hizo,
hasta que la tempestad me destrozó y me rompí.
Los de la ambulancia mostraron su compromiso,
pero cuando grité: «¡Esperen mi valentía!». Los vi

fumar y me pusieron y me amarraron a su camilla,
me llevaron rodando hasta su ataúd, o sea mi nido.
Lenta la sirena, lento el coche fúnebre, en sencilla
calma de vieja dama. En urgencias me cortaron el vestido.

Grité: «¡Jesús mío, ayúdame! ¡Ay, Jesús y Cristo!».
La enfermera espetó: «¡Me llamo, qué confusión,
Bárbara!» y me colgó en un mecanismo nunca visto,
un potro ortopédico, y encima un balcánico armazón.

El ortopedista declaró:
«Así, tendida, un año». Su espátula. Novedades llegadas.
Abrió la piel. Raspó, cortó,
y perforó el hueso para sus tornillos de cuatro pulgadas.

Eso exige fuerza bruta, es como empujar una vaca
hacia arriba del monte. Os lo digo, eso es destreza
y a la vez encanto y todo ese saber cómo se empaca.
Matar al cuerpo es una dura cosa para la cabeza.

Pero, por favor, no zarandees mi cama ni la alces.
Soy la mujer de Ethan Frome. Saldré cuando pueda.
La tele cuelga de la pared cual cabeza de un alce.
Una pinta de bourbon oculta en mi mesilla queda.

Pájaro de huesos, sujeta ahora por un saco de arena.
La fractura fue dos veces. Fue una doble fractura.
Los días son horizontales. Los días son que dan pena.
Todo el esqueleto en mí es avería en desventura.

Enfrente del pasillo, la estación de las bacinillas.
Orina y heces pasan cada hora ante mi cabeza alerta,
en cuencos de plata. Al unísono cada una rebrilla
en el esterilizador. Mi docena de rosas está muerta.

Han cesado de menstruar. Ellas cuelgan allí
como pequeños coágulos de sangre secos.
Y el corazón también, ese tullido, cómo lo oí
cantar antaño. ¡Cómo pensó no tener huecos!

Sabed lo que ocurrió el día de mi caída fatal,
mi corazón había balbucido y a la vez ansiado
una fiesta de bodas hasta que el ángel infernal
en el castigador y el acróbata me ha tornado.

Mis huesos están sueltos tal alfileres de lavandera
abandonados cual las muñecas en tienda de juguetes
y mi corazón, un viejo motor de hambre, se acelera
con sus pecados, máquina que no para en cojinetes.

Y ahora dedico todo el día a cuidar con esmero
de mi cuerpo, ese bebé. Su carga cicatriza seguro.
Limpio la bacinilla. Cepillo mis cabellos y espero
en la máquina de dolor que mis huesos sean duros,

mis huesos blandos, los blandos huesos apartados
y que fueron atornillados juntos. Esos se unirán.
Y al otro cuerpo seco, al corazón fracturado
lo alimento a pedacitos, cáliz chico. Con buen afán.

Pero como alarma de fuego él espera a ser conocido.
Está conectado. Él contiene en sí muchos colores.
Durante la prisión de mi cuerpo se han reproducido
solas las células del corazón. Mis huesos sufridores

están de tal espera aburridos. El corazón empero,
este niño de mí misma que en la carne bulle,
la esencial firma del yo, de mi ceguera el venero
y de mi sueño, un belén de muerte construye.

Las figuras en la tumba de mis huesos colocadas,
todas las figuras sabiendo que es por la otra muerte
por lo que ellas vinieron. Cada figura sola situada.
El corazón explotó de amor y su aliento fue inerte.

Esta pequeña ciudad, este pequeño país es real,
y por eso para el fuste y para la copa es así
y por eso es así para el corazón violento. Totalmente
me devora el celo de mi casa. ¡Sí!

LA MUERTE DE SYLVIA

Para Sylvia Plath

Oh Sylvia, Sylvia,
con una caja de muerte llena de piedras y cucharas,

con dos niños, dos meteoros,
que corren sueltos en el cuartito de juegos,

con tu boca en la chapa del horno,
en la viga del techo, en la oración muda,

(¿Sylvia, Sylvia,
hacia dónde fuiste
después de que me escribieras
desde Devonshire
acerca del cultivo de patatas
y la apicultura?)

¿a qué te has atenido,
cómo te has metido dentro?

¡Ladrona! –
¿Cómo te has metido dentro,

te has metido abajo sola
en la muerte a la que deseé tanto y tanto tiempo,

en la muerte de la que dijimos que la habíamos superado,
la muerte que llevábamos en nuestros magros pechos,

la muerte sobre la que hablábamos tanto cada vez
que en Boston tomábamos tres martinis extrasecos,

la muerte que hablaba de psicoanalistas y curaciones,
la muerte que hablaba como novias con parcelas-tumbas,

la muerte por la que brindábamos,
los motivos y después el acto tranquilo?

(En Boston
los moribundos
van en taxi,
sí, la muerte de nuevo,
esa vuelta a casa
con *nuestro* chico.)

Oh Silvia, recuerdo al batería soñoliento
que golpeó nuestros ojos con una vieja historia,

cómo deseábamos que viniera
como un sadista o un marica de Nueva York

para hacer su trabajo,
una necesidad, una ventana en una pared o una cuna,

y desde aquel tiempo ha esperado
bajo nuestro corazón, nuestro aparador,

y comprendo ahora que lo conservemos
año tras año, viejas suicidas,

y siento con la noticia de tu muerte,
un terrible gusto de eso, como de sal.

(Y yo,
yo también.
Y ahora, Sylvia,
tú de nuevo,
de nuevo con la muerte,
esa vuelta a casa,
con *nuestro* chico.)

Y yo digo solamente
con mis brazos extendidos hacia ese lugar de piedra,

¿qué es tu muerte
si no una vieja pertenencia,

un lunar caído
de uno de tus poemas?

(¡Oh amiga,
como la luna es mala,

el rey se fue,
y la reina no sabe qué hacer,
la asidua del bar debe cantar!)

¡Oh madre pequeña,
tú también!
¡Oh alegre duquesa!
¡Oh cosa rubia!

FANTASMAS

Algunos fantasmas son mujeres,
ni abstractas ni pálidas,
sus pechos tan flácidos como pescado muerto.
No brujas, sino fantasmas
que vienen, moviendo sus brazos inútiles
como sirvientes despedidos.

No todos los fantasmas son mujeres,
he visto otros:
hombres gordos con barrigas blancas,
llevando sus genitales como trapos viejos.
No demonios, sino fantasmas.
Este patalea con pies desnudos, dando tumbos
encima de mi cama.

Pero eso no es todo.
Algunos fantasmas son niños.
No ángeles, sino fantasmas:
enchinándose como tazas rosas de té

sobre todos los cojines, o respingando,
muestran sus traseros inocentes, lloriqueando
por Lucifer.

EL MALTRATADOR DE MUJERES

Esta noche habrá suciedad en el tapiz
y sangre en la salsera además.
El maltratador de mujeres ha salido,
el maltratador de niños ha salido
comiendo suciedad y bebiendo balas de una copa.
Él se acerca y se aleja
de la ventana de mi estudio,
mascando pequeños trozos rojos de mi corazón.
Sus ojos relampaguean como un pastel de aniversario
y él saca pan de una roca.

Ayer se movía
en el mundo como un hombre.
Era recto y conservador
pero algo evasivo, algo contagioso.
Ayer me construyó un país
y extendió una sombra donde yo podía dormir.
Pero hoy un ataúd para la virgen y el niño,
hoy dos mujeres en trajes de niñas serán carne picada.

Besará con una lengua como una navaja de afeitar,
a la madre, al niño,
y nosotros tres pintaremos las estrellas de negro,
en memoria de su madre
que lo mantuvo encadenado al árbol del comedero,
o lo abría y cerraba igual que un grifo de agua
e hizo de las mujeres durante estos años nebulosos
el enemigo con un corazón de mentiras.

Esta noche todos los perros rojos se echan miedosos
y mujer y niña se agarran una a la otra
hasta que sean asesinadas.

CUANDO EL HOMBRE ENTRA EN LA MUJER

Cuando el hombre
entra en la mujer,
como el rompiente golpeando la costa,
una y otra vez,
y la mujer abre de placer su boca
y sus dientes brillan
como el alfabeto,
aparece Logos y ordeña una estrella,
y el hombre
en la mujer
hace un nudo
para que nunca se separen
y la mujer
sube a una flor
y se traga su tallo
y aparece Logos
y desata sus ríos.

Ese hombre,
esa mujer
con su doble hambre,
querían atravesar
el velo de Dios
y lo hicieron brevemente,
aunque Dios
en Su perversidad
soltó el nudo.

EL INTERROGATORIO DEL HOMBRE DE MUCHOS CORAZONES

¿Quién es ella,
esa que está en tus brazos?

Es aquella a la que llevé mis huesos
y construí una casa que era solo una chocita
y construí una vida que era más de una hora
y construí un castillo en el que nadie vive
y construí, al final, una canción
para acompañar la ceremonia.

¿Por qué la has traído aquí?
¿Por qué llamas a mi puerta
con pequeñas historias y canciones?

Me había unido a ella como un hombre
se une a una mujer y aun así no había lugar
para fiestas o formalidades
y esas cosas son importantes para una mujer
y, ya ves, vivimos en un clima frío

y no está permitido besarse en la calle,
por eso hice una canción que no era verdad.
Hice una canción llamada *esponsales.*

¿Tú vienes a mí del matrimonio
y das un pisotón en mi entrada
y me pides un juicio sobre tales cosas?

Nunca. Nunca. No es mi esposa verdadera.
Es mi bruja verdadera, mi bieldo, mi yegua,
mi madre dolorosa, mi falda llena de infierno,
el sello de mis penas, el sello de mis contusiones
y también los niños que pudiera parir
y también un lugar privado, un cuerpo de huesos
al que compraría francamente si lo pudiera comprar,
que yo desposaría si pudiera desposarme.

¿Y voy a atormentarte por eso?
Cada hombre tiene un pequeño destino adjudicado
y el tuyo es uno apasionado.

Pero yo estoy atormentado. No tenemos sitio.
La chocita que compartimos es casi una prisión
donde no puedo decir ranúnculo, cariñito,
dulce patito, calabacita, cinta de amor, medallón,
tú, corazón mío, niña de verano, chica alegre y todas

esas cosas sin sentido que se dicen en la cama.
Decir me he acostado con ella no es bastante.
No solo me la he encamado.
La he atado con un nudo.

¿Por qué te metes entonces los puños
en tus bolsillos? ¿Por qué arrastras
los pies como un escolar?

Hace años que ato ese nudo en mis sueños.
He pasado por una puerta en mis sueños
y ella estaba siempre allí en el delantal de mi madre.
Una vez se metió por una ventana con la forma
del ojo de una cerradura y llevaba los pantalones
de pana rosa de mi hija y cada vez yo ataba a esas mujeres
con un nudo. Una vez vino una reina. La até también.
Pero esto es algo que he atado realmente
y ahora la he asegurado.
Canté para que saliera. La atrapé.
Acabé con ella con una canción.
No había otro apartamento para eso.
No había otro cuarto para eso.
Solo el nudo. El nudo encamado.
Por eso he puesto mis manos sobre ella,
y he llamado a sus ojos y a su boca
míos y también a su lengua.

¿Por qué exiges de mí que tome decisiones?
Yo no soy ni juez ni psicóloga.
Tú posees tu nudo encamado.

Y sin embargo tengo horas verdaderas del día y de la
[noche
con niños y balcón y una buena mujer.
Por eso he anudado esos otros nudos,
pero en ellos mejor no pensaría,
cuando te hablo de ella. Ahora no.
Si ella fuera una habitación para alquilar, yo pagaría.
Si ella fuera una vida que salvar, la salvaría.
Tal vez soy un hombre de muchos corazones.

¿Un hombre de muchos corazones?
¿Por qué tiemblas tú en mi portal?
Un hombre de muchos corazones no me necesita.

Estoy teñido de ella hasta el fondo.
He dejado que me sorprendas con las manos en la masa,
me sorprendas con mi loco avenate en una hora loca
para mi yegua, mi paloma, mi propio cuerpo limpio.
Tal vez cree la gente que tengo serpientes en mis botas,
pero te digo que por una vez estoy en los estribos,
solo una vez, esta vez, en la carrera por la copa.
El amor de la mujer está en la canción.

La llamé la mujer de rojo.
La llamé la muchacha en rosa,
pero ella era diez colores
y diez mujeres.
Apenas pude nombrarla.

Yo sé quién es ella.
Tú la has nombrado bastante.

Tal vez no debí expresarlo con palabras.
Francamente, pienso que estoy peor por esos besos,
borracho como una cuba, fuera de quicio,
y decidido a atarla para siempre.
Ves, la canción es la vida,
la vida que no puedo vivir.
Dios, al pasar,
pronuncia a la monogamia como jerigonza.
Yo quería inscribirla en la ley.
Pero, ya sabes, para eso no hay ley.

¡Hombre de muchos corazones, tú eres tonto!
El trébol ha echado espinas este año
y ha impedido al ganado su fruto
y las piedras del río
han chupado ojos humanos hasta secarlos,
estación tras estación,

y cada cama ha sido condenada,
no por la moral ni por la ley
sino por el tiempo.

MENSTRUACIÓN A LOS CUARENTA

Pensaba en un hijo.
El seno no es un reloj,
ni una campana que suena,
pero en su undécimo mes de vida
siento el noviembre
del cuerpo como el del calendario.
En dos días es mi cumpleaños
y como siempre la tierra ha dado su cosecha.
Esta vez ando husmeando a la muerte,
la noche hacia la que me inclino,
la noche que quiero.
Así pues –
¡dilo!
Estaba todo el tiempo en el seno.

Pensaba en un hijo…
¡Tú! El nunca alcanzado,
el nunca germinado ni desatado,
tú de los genitales que yo temía,

del rabito y del aliento del cachorro.
¿Te daré mis ojos o los suyos?
¿Serás David o Susana?
(Estos dos nombres escogí y escuché atenta su sonido.)
¿Puedes ser un hombre como tus antepasados –
los músculos de las piernas de Miguel Ángel,
manos de Yugoslavia,
de alguna manera el campesino, eslavo y decidido,
de alguna manera sobreviviente, repleto de vida –
y sería posible incluso
todo esto con los ojos de Susana?

Todo eso sin ti –
dos días se han ido en sangre.
Yo misma moriré sin bautismo,
una tercera hija que les daba igual.
Mi muerte ocurrirá el día de mi santo.
¿Qué tiene de malo el día del santo?
Es solo un ángel del sol.
Mujer,
tejiendo una tela sobre los tuyos,
un veneno fino y enredado.
Escorpión,
mala araña –
¡muere!

Mi muerte desde las muñecas,
dos etiquetas con nombres,
sangre llevada como un ramillete prendido
para florecer,
uno a la izquierda y otro a la derecha –.
Es una habitación cálida,
el lugar de la sangre.
¡Dejad la puerta abierta de par en par!

Dos días para tu muerte
y dos días hasta la mía.

¡Amor! Esa enfermedad roja –
año tras año, David, ¡me volverías loca!
¡David! ¡Susana! ¡David! ¡David!
llena, despeinada, silbando en la noche,
nunca envejeciendo,
siempre esperándote en la puerta…
año tras año,
mi zanahoria, mi repollo,
te habría poseído antes que todas las mujeres,
diciendo tu nombre,
diciéndote el mío.

LA BALADA DE LA MASTURBADORA SOLITARIA

El fin del asunto es siempre la muerte.
Ella es mi taller. Con mirada escurridiza,
fuera de mi tribu viene a verte
ausente mi respiración. Horroriza
mi vista al mirón. Hartura me inflama.
De noche, sola, me desposo con la cama.

Dedo a dedo, ahora es mía.
No está muy lejos. Viene a mi encuentro.
La golpeo como una campana. Me echaría
en el cenador donde sueles tenerla dentro.
Te apropiaste de mí en la florida gama.
De noche, sola, me desposo con la cama.

Toma por ejemplo esta noche, amor majo,
que a cada pareja junta y aúna corazones
con vueltas de campana arriba y abajo,
el abundante par sobre espuma y plumones

de rodillas, empujando, cabezas en llama,
de noche, sola, me desposo con la cama.

De salir de mi cuerpo esa es mi manera,
un milagro enojoso. ¿Y si ahora explico
del mercado de sueños todo de veras?
Estoy desparramada. Yo crucifico.
Mi pequeña ciruela tú solo exclamas.
De noche, sola, me desposo con la cama.

Entonces mi rival de ojos negros vino.
La dama de agua, en la playa ya nauta,
un piano a punta de dedos, en sus finos
labios vergüenza y un hablar de flauta.
Como si yo fuera la que nadie reclama.
De noche, sola, me desposo con la cama.

Ella te tomó a la manera que una mujer
un traje barato de la percha suele tomar.
Y tal se quiebra la piedra se quiebra mi ser.
Te devuelvo los libros y el anzuelo de pescar.
Cada periódico hoy tu matrimonio proclama.
De noche, sola, me desposo con la cama.

Esta noche chicos y chicas juntos embragan.
Las blusas sin botones. Abiertas las braguetas.
Ellos se quitan zapatos y ellas la luz apagan.
Las criaturas que fulgen de mentiras repletas.
Se comen entre sí. Sus atracones son de fama.
De noche, sola, me desposo con la cama.

PARA MI AMANTE AL VOLVER JUNTO A SU ESPOSA

Ella está toda ahí.
Ella fue fundida cuidadosamente para ti
y vaciada a partir de tu infancia,
vaciada a partir de tu centenar de estudiantes favoritas.

Ella siempre estuvo ahí, cariño mío.
Ella, realmente, es exquisita.
Fuegos artificiales en lo aburrido de mediados de
[febrero
y tan real como una olla de hierro colado.

Seamos sinceros, yo he sido momentánea.
Un lujo. Un balandro rojo brillante en el puerto.
Mi pelo agitándose como humo por la ventanilla del
[coche.
Jóvenes almejas de Venus de elevado precio.

Ella es más que eso. Es lo que tienes que tener,
ha hecho que alcances tu dimensión práctica y tropical.

Esto no es un experimento. Ella es toda armonía.
Se ocupa de los remos y los toletes para el bote,
ha puesto flores silvestres en la ventana para el desayuno,
se sentaba en el torno de ceramista al mediodía,
ha dado a luz tres hijos bajo la luna,
tres querubines dibujados por Miguel Ángel,

eso lo hizo con sus piernas abiertas
en los meses terribles en la capilla.
Si miras hacia arriba, los niños están allí
como delicados globos pegados al techo.

Ella ha llevado a cada uno a lo largo del corredor
después de la cena, sus cabezas particularmente
[inclinadas,
dos piernas protestando, uno frente al otro,
su cara encendida con una canción y su pequeño sueño.

Te devuelvo tu corazón.
Te doy permiso –

para la descarga en ella, latiendo
iracundo en la suciedad, para la arpía en ella,
y la sepultura de su herida –
para la sepultura de su pequeña roja herida viva –

para la pálida bengala vacilante bajo sus costillas,
para el marinero ebrio que espera en su pulso izquierdo,
para la rodilla de la madre, para las medias,
para el liguero, para la llamada –

la curiosa llamada
cuando tú te amadrigues en brazos y pechos
y tires de la cinta naranja de su pelo
y contestes a la llamada, la curiosa llamada.

Ella es tan desnuda y singular.
Ella es la suma de ti y de tu sueño.
Escálala como un monumento, paso a paso.
Ella es sólida.

En lo que a mí respecta, yo soy una acuarela.
Lavable.

DONDE LA CUESTIÓN QUEDÓ ATRÁS ENTONCES

Esposo,
anoche soñé
que te cortaban las manos y los pies.
Esposo,
me susurrabas,
ahora estamos los dos incompletos.

Esposo,
sostenía los cuatro
entre mis brazos como hijos e hijas.
Esposo,
lentamente me agaché
y los limpié en aguas mágicas.

Esposo,
te los puse cada uno
donde tenían que estar.
«Un milagro»,
me dijiste y nos reímos
con la risa de los pudientes.

LA SEPARACIÓN

Tus margaritas han llegado
el día de mi divorcio:
la sala de justicia una caja de cemento,
una cámara de gas para el infeccioso judío que hay en mí
y una posible tierra, una tierra prometida
para el judío que hay en mí,
pero aún una habitación de traición para los
«hasta que-la-muerte-nos» –
y aún la muerte, como en las tijeras abiertas
que hacen al ahora separar partes inservibles,
incluso cortarnos el uno al otro como hicimos
[anualmente
bajo el sol coloreado.
La sala de justicia sigue aplastando nuestras vidas
mientras se rompen en dos latas listas para reciclar,
humanos de hojalata aplastada
y una ley de hojalata,
incluso para mis veinticinco años de espera
por mis dientes como vi una vez en Ringling Brothers.

La habitación gris:
Juez, abogado, testigo
y yo y el invisible Skeezix,
y los otros desgarrados
soportando los desconciertos
de su división.

Tus margaritas han llegado
el día de mi divorcio.
Llegan como pescado amarillo redondo,
succionando con amor en el coral de nuestro amor.
Aún esperan,
en su corto tiempo,
como pequeños úteros medio nacidos,
medio asesinados, delgada y suave espina.
Saben que están a punto de morir,
pero respiran como prematuros, dentro y fuera,
sobre la mesa de mi cocina.
Respiran el aire que se detiene
durante veinticinco ilícitos días,
el sol arrastrándose hacia las sábanas,
la luna girando como un tornado
en la palangana,
y nosotros orquestándolos,
llamándonos DOS DIRECTORES DE CAMPO.
Había una canción, nuestra canción en tu casete,

que sonaba una y otra vez
y bautizaba a los pródigos.
Decía lo indecible,
como la lluvia sobre el techo del ático,
dejando al animal unirse con su alma
mientras nos arrodillábamos ante un milagro –
olvidando su cuchillo.

Las margaritas consultan
en la cocina de vieja-casada
empapelada con chefs azules y verdes
que gritan *tartas*, *galletas*, *riquísimas*,
junto al carbón y al humo del cigarro
que llevan como un bálsamo amarillo.
Las margaritas lo absorben todo –
el amor sancionado por veinticinco años
(¡Si es que uno puede llamar a tal manojo de puños
y brazos inmóviles *eso*!)
y en este día mi mundo se rompe
mientras el país se deshace con
su perjurador rey y su corte.
Se deshace en un aborto de creencia,
como en mí –
la ruptura legal –
como una *debería* hacer con las margaritas
pero no lo hace

porque representan un amor
que se somete a una cirugía a corazón abierto
que podría prender
si uno rezaba lo suficientemente fuerte.
Y aun reivindico,
incluso en la oración,
que no soy una ladrona,
atracadora de necesidad,
y que tu corazón sobrevive
por sí mismo,
perteneciéndose solo a sí mismo
todo, enteramente todo,
y viable
en su oscura caverna bajo tus costillas.

Rezo para que se sepa la verdad,
si es que la verdad captura en sus cálices
y aún rezo, como lo haría un niño
que fuera a operarse.

Sueño que se está haciendo.
Después sueño que el amor está tragándose a sí mismo.
Después sueño que el amor está hecho de cristal,
cristal que viene a través del teléfono
que se rompe lentamente,
día a día, en mi oído.

Después sueño que me coloco el amor
como un salvavidas y que flotamos,
salvavidas y yo,
y rebotamos en el azul-sacerdote.
¡Somos suaves como la oreja de un gato
y es seguro,
demasiado seguro!
Y me despierto rápido y voy a la ventana de enfrente
y echo un vistazo a la luna en el estanque
y sé que la belleza ha pasado sobre mi cabeza,
en esta habitación y fuera,
fluyendo por la mosquitera de la ventana,
cayendo profundamente en el agua
para esconderse.

Observaré a las margaritas
desvanecerse y secarse
hasta convertirse en harina,
haciéndose nieve sobre la mesa
al lado del zumbido del refrigerador,
junto a la radio que emite Frankie
(tan a menudo como la FM lo permita)
nevando ligeramente, un temblor descendiendo desde
[el techo –
como veinticinco años se separan de mí
como un tumor que corté como un melanoma.

Son las seis de la tarde mientras riego estas chiquitas hierbas
y su corta media vida,
sus días contados
que bramaban como una radio secreta,
recordando el amor que recogí inocentemente,
todavía culpable,
cuando mi hija de cinco años
cogía chicle de la acera
y se convertía de repente en un milagro elástico.

Para mí fue amor encontrado
como un diamante
donde las zanahorias crecen –
el brillo del diamante en el ala de un avión,
que quiere decir: ¡PELIGRO! ¡GRUESA CAPA DE HIELO!
pero el buen crujido de aquella naranja,
el diamante, la zanahoria,
ambos con cuatro millones de años de suciedad resucitada,
y el amor,
aunque Adán no supiera la palabra,
el amor de Adán
obedece a su repentino regalo.

Tú, que me has buscado durante nueve años,
en historias creadas frente a tu espejo desnudo

o paseando a través de las habitaciones de mujeres de
[niebla,
tú, intentando olvidar a la madre
que construyó la culpa con la madera de una puerta cerrada
mientras ella sollozaba su leche agria y te alimentaba
[perdido
a través de la cerradura,
tú que transcribiste tu propio nacimiento
y lo construiste con tus propios poemas,
tu propia madera, tu propia cerradura,
en el tronco y las hojas de tu hombría,
tú, que caíste en mis palabras, años
antes de que cayeras en mí (el otro,
ambos el Director de Campamento y el campista),
tú que cebaste tu anzuelo con sueños bien despiertos,
y llamadas y cartas y una vez un almuerzo,
y dos veces una lectura de mí para ti.
¡Pero yo no lo haría!
Este año,
sin considerar todos los años pasados,
me tragué el cuento
y fui empujada hacia arriba, hacia arriba,
dentro del cielo y fui sostenida por el sol –
el rápido milagro de su regazo amarillo –
y me convertí en una mujer que aprendió su propia piel
y cavó en su alma y la encontró llena,

y tú te convertiste en un hombre que aprendió su propia
[piel
y cavó en su hombría, su humanidad
y encontró que eras tan real como un panadero
o un vidente
y nos convertimos en un hogar,
arriba en los recodos del alma de cada uno,
sin saber –
una adquisición invisible –
que habita nuestra casa para siempre.

Fuimos
bendecidos por el Ojo-del-Hogar
en el altar de la televisión en color
y de alguna manera nos las apañamos para crear un
[diminuto
matrimonio, un diminuto matrimonio,
llamado fe,
como en la fe del niño en el hada de los dientes,
tan cercana a lo absoluto,
tan tonto con un año o dos.
Las margaritas han llegado
por última vez.
Y yo que,
cada año de mi vida,
he hablado con el hada de los dientes

creyendo en ella,
incluso cuando yo *era* ella,
soy incapaz de parar la muerte de tus margaritas,
aunque tu voz grita al teléfono:
¡Cásate conmigo! ¡Cásate conmigo!
y mi voz habla en estos tonos esta noche:
¡El amor está en un oscuro peligro!
El amor está empezando a morir,
justo ahora –
estamos en el proceso.
El vacío proceso.

Veo dos muertes,
y a los dos hombres caminando pesadamente
hacia la morgue de mi corazón,
y aunque aparté uno del testamento en el tribunal hoy
y susurré sueños y cumpleaños al otro,
ambos murieron como olas rompiéndose sobre mí
y me estoy ahogando un poco,
pero siempre nado
entre las almohadas y las piedras del rompeolas.
Y aunque tus margaritas son una muerte indeseada,
camino a través del olor de su cáncer
y reconozco el pronóstico,
su carga de pérdida…

Digo ahora,
diste lo que pudiste.
¡Era como girar el timón de un ferri!
y la ciudad muerta de mi matrimonio
parece menos importante
que el hecho de que las margaritas llegaran
semanalmente,
una y otra vez,
como besos que no pueden pararse.

Se dan dos muertes el 5 de noviembre de 1973.
Deja que olvidemos una –
¡Entiérrala! ¡Tápiala!
Pero no me dejes olvidar al hombre
de mis flores como hijos
aunque se hunda en la niebla del lago Superior,
él permanece, el mármol de sus dedos
de bengalas del Cuatro de Julio,
sus furiosos cucuruchos de helado de lametazo,
siguen demasiado fríos y mi frente con una manopla
cuando sudo en la bañera de su ser.
Por el resto que queda:
nómbralo con dulzura,
tan gentil como rábanos habitando
su corta vida en la tierra,
nómbralo dulcemente,

dulcemente como viejos amigos saludándose
largamente en la ventana,
o en el camino,
nómbralo dulcemente como alas de arce cantando
sobre el estanque de fuera,
tan sensual como el amarillo-madre en el estanque,
aquella noche que fue nuestra,
cuando nuestros cuerpos flotaron y chocaron
en agua de luna y las cigarras
gritaron como lenguas.

Deja que algo como esto
sea resucitado en todos los hombres
dondequiera que moldeen sus días y noches
como cuando durante veinticinco días y noches tú
[moldeaste las mías
y plantaste la semilla que se sumerge en mi Dios
y lo hará para siempre
sin importar con qué frecuencia yo limpie el suelo.

LA BELLA DURMIENTE

Consideren
una chica que cae sin conocimiento,
brazos lacios como viejas zanahorias,
en el trance del hipnotizador,
en el mundo de los espíritus
hablando con el don de lenguas.
Está atascada en la máquina del tiempo,
de repente tiene dos años, se chupa el dedo,
tan hacia adentro como un caracol,
está aprendiendo a hablar otra vez.
Está en un viaje.
Está nadando cada vez más atrás,
como un salmón,
forcejeando en la cartera de su madre.
Pequeña muñequita,
ven con Papá.
Siéntate sobre mis rodillas.
Tengo besos para tu nuca.
Un centavo para tus pensamientos, Princesa.

Los cazaré como a una esmeralda.
Ven y sé mi niña mimada
y te daré una raíz.
Ese tipo de viaje,
exuberante como una madreselva.

Una vez
un rey hizo un bautizo
para su hija Briar Rose
y como solo tenía doce platos de oro
invitó solo a doce hadas
al gran evento.
La decimotercera hada,
sus dedos tan largos y finos como paja,
sus ojos quemados por cigarrillos,
su útero una taza de té vacía,
llegó con un malvado regalo.
Ella hizo esta profecía:
La princesa se pinchará a sí misma
con una rueca en su decimoquinto año
y luego caerá muerta.
Kaputt!
La corte se quedó en silencio.
El rey parecía *El grito* de Munch.
Profecías de hadas,
en tiempos como estos,

hacían aguas.
Sin embargo, la duodécima hada
tenía una especie de goma de borrar
y mitigó la maldición
cambiando esa muerte
en un sueño de cien años.
El rey ordenó que cada rueca
fuera exterminada y exorcizada.
Briar Rose llegó a ser una diosa
y cada noche el rey
mordía el dobladillo de su vestido
para mantenerla a salvo.
Hasta ató la luna
con un imperdible
para darle luz perpetua.
Se obligó a todos los varones de la corte
a restregar sus lenguas con Bab-o
para que no envenenaran el aire que ella habitaba.
Así, ella vivía en su olor,
exuberante como la madreselva.

En sus quince años
se pinchó un dedo
en una rueca carbonizada
y los relojes se pararon.
Sí, efectivamente. Ella se fue a dormir.

El rey y la reina se fueron a dormir,
los cortesanos, las moscas en la pared.
El fuego en el hogar se apagó
y la carne asada dejó de crujir.
Los árboles se convirtieron en metal
y el perro se convirtió en porcelana.
Todos yacían en trance,
cada uno catatónico
atrapados en una máquina del tiempo.
Incluso las ranas eran zombis.
Solo un rosal de rosas espinosas creció
formando una gran muralla de tachuelas
alrededor del castillo.
Muchos príncipes
trataron de pasar a través de las zarzas
porque habían oído hablar mucho de Briar Rose
pero no habían restregado sus lenguas
por lo que fueron atrapados por las espinas
y por lo tanto fueron crucificados.
Con el tiempo
un centenar de años pasaron
y un príncipe llegó.
Las zarzas se separaron como si de Moisés se tratara
y el príncipe encontró el cuadro intacto.
Besó a Briar Rose
y ella se despertó gritando:

¡Papá! ¡Papá!
Presto! ¡Ella salió de la prisión!
Se casó con el príncipe
y todo fue bien
excepto por el miedo –
el miedo a dormir.
Briar Rose
era insomne…
No podía dormir la siesta
o caer dormida
sin que el químico de la corte
le mezclase unas gotas de KO
y nunca en presencia del príncipe.
Si está por venir, dijo,
el sueño debe tomarme por sorpresa
mientras me estoy riendo o bailando
de modo que no vea el lugar brutal
donde me acuesto con picanas para el ganado,
el agujero en mi mejilla abierto.
Además, no debo soñar
porque si no, veo la mesa puesta
y una vieja vacilante en mi lugar,
con los ojos quemados por cigarrillos
mientras se come la traición como una rebanada de
[carne.

No debo dormir
porque mientras duermo tengo noventa
y pienso que me estoy muriendo.
La muerte rueda en mi garganta
como una canica.
Puedo usar tubos como pendientes.
Me quedo quieta como una barra de hierro.
Puedes introducir una aguja
a través de mi rodilla y no me inmutaré.
Estoy toda inyectada con novocaína.
Esta chica en trance
es vuestra para lo que queráis.
Podríais ponerla en un sepulcro,
un paquete horrible,
y una pala de basura en la cara
y nunca contestaría: ¡Hola!
Pero si la besas en la boca
sus ojos se abrirán de golpe
y ella gritará: ¡Papá! ¡Papá!
Presto!
Ella está fuera de su prisión.

Hubo un robo.
Tanto me han dicho.
Fui abandonada.
Eso lo sé.

Fui obligada a marchar atrás.
Fui obligada a seguir adelante.
Me pasaron de mano en mano
como un plato de fruta.
Cada noche me clavan en el sitio
y me olvido de lo que soy.
¿Papá?
Esta es otra clase de prisión.
No es el príncipe para nada,
sino mi padre
balanceándose se inclina sobre mi cama,
rodeando el abismo como un tiburón,
mi grueso padre sobre mí
como algunas medusas para dormir.
¿Qué viaje es este, niña?
¿Este salir de la cárcel?
¡Dios nos proteja! –
¿Esta vida después de la muerte?

VIVE

Vive o muere pero no envenenes cada cosa...

Bien, la muerte ha estado aquí
por un buen tiempo –
esto tiene un infierno que ver
con el infierno
y la sospecha del ojo
y los objetos religiosos
y cómo los lloré
cuando los hicieron obscenos
mis garabatos de corazón enano.
El ingrediente mayor
es la mutilación.
Y fango, día tras día,
fango y ritual
y el bebé en el plato,
cocido pero todavía humano,
cocido también con pequeños gusanos,
cosidos sobre él tal vez por una madre,
¡perra maldita!

A pesar de eso,
seguí adelante sin duda,
una especie de punto de vista humano,
arrastrándome a mí misma como si
yo fuera un cuerpo aserrado
en el baúl, el baúl de viaje marítimo.
Eso se volvió un perjurio del alma.
Se volvió una mentira de una vez
y aunque vestí el cuerpo
siempre estaba desnudo, siempre asesinado.
Ya fue capturado
la primera vez al nacer,
como un pez.
Pero lo representé, lo atavié,
lo atavié como a un muñeco de alguien.
¿La vida es algo que se representa?
¿Y de lo que todo el tiempo se quiere uno librar?
Además cada uno te grita:
Cállate. No es de extrañar.
A la gente no le gusta que le digas
que te va mal
y tener que ver entonces
cómo
enfermas
con esa carga.

Hoy se abrió la vida dentro de mí como un huevo
y allí dentro
después de excavar a fondo
encontré la respuesta.
¡Qué suerte!
Salía el sol,
su yema se movía febril,
dejando caer su premio –.
¡Y tú te das cuenta de que lo hace diariamente!
Ya me di cuenta de que era purificador
pero no había pensado
que era sólido,
no conocía que era una respuesta.
¡Dios! Es un sueño:
los amantes brotan en el jardín
como tallos de apio
y mejor,
un marido recto como una secuoya,
dos hijas, dos erizos de mar,
cortan rosas en el pelo erizado de mi nuca.
Si salgo ardiendo bailan a mi alrededor
y cocinan malvaviscos.
Y si soy hielo
simplemente patinan hacia mí
en trajes cortos de ballet.

Aquí,
desde el principio,
pensando que yo era una asesina,
ungiéndome diariamente
con mis preciosos venenos.
Pero no.
Yo soy una emperatriz.
Llevo un delantal.
Mi máquina de escribir escribe.
No está rota como advirtieron.
Incluso loca soy tan bella
como una barra de chocolate.
Incluso con gimnasia de brujas
confían en mi ciudad incalculable,
en mi cama corruptible.

Oh mis queridos tres,
doy una respuesta suave.
La bruja llega
y la pintáis de color de rosa.
Vengo con besos en mi capucha
y el sol, el listo,
que se derrama en mis brazos.
Por eso digo *Vive*
y gira mi sombra tres veces en círculo,
para alimentar a nuestros cachorros cuando lleguen,

los ocho dálmatas que no ahogamos,
a pesar de las advertencias: ¡Aborto! ¡Destrucción!
A pesar de los cubos de agua preparados
para ahogarlos, hundirlos como piedras,
vinieron cada uno con la cabeza adelante,
soplando pompas del color azul de las cataratas
y tanteando las pequeñas tetas.
Solo la última semana, ocho dálmatas,
de ¾ de libra de peso se alinearon como leños
cada uno
como un
abedul.
Prometo que si vienen más también los querré,
porque a pesar de la crueldad
y los vagones repletos para los hornos,
no soy yo lo que esperaba. No una Eichmann.
Simplemente el veneno no tuvo efecto.
Por eso no estaré dando vueltas en mi bata de hospital,
repitiendo la Misa Negra y todo eso.
Digo *Vive*, *Vive* por el sol,
el sueño, el regalo excitante.

Papel certificado por el Forest Stewardship Council®

MIXTO
Papel | Apoyando la silvicultura responsable
FSC® C117695
FSC www.fsc.org

Penguin Random House Grupo Editorial

Primera edición con esta presentación: marzo de 2021
Tercera reimpresión: junio de 2024

Printed in Spain – Impreso en España

ISBN: 978-84-397-3693-6
Depósito legal: B-528-2020

Compuesto en La Nueva Edimac, S. L.
Impreso en Liber Digital, S. L.
Casarrubuelos (Madrid)

R H 3 6 9 3 C